**Bibliografische Information der Deutschen Nationalbibliothek:**

Die Deutsche Bibliothek verzeichnet diese Publikation in der Deutschen National-
bibliografie; detaillierte bibliografische Daten sind im Internet über http://dnb.d-
nb.de/ abrufbar.

**Impressum:**

Copyright © 2012 GRIN Verlag, Open Publishing GmbH
Druck und Bindung: Books on Demand GmbH, Norderstedt Germany
ISBN: 978-3-668-03886-8

**Dieses Buch bei GRIN:**

http://www.grin.com/de/e-book/303596/der-film-eyes-wide-shut-im-deutschunter-
richt

**Viktoria Popsuy-Johannsen**

# Der Film „Eyes Wide Shut" im Deutschunterricht

GRIN Verlag

# Hausarbeit

## vorgelegt am Fachbereich 05, Philosophie und Philologie, der Johannes Gutenberg-Universität Mainz

Fach: <u>Deutsch</u>   KF ( x )   BF ( )

Im Rahmen des Moduls: <u>Modul 11 „Gegenwartsliteratur und ihre Vermittling"</u>

Lehrveranstaltung: <u>SDFN „Filme im Deutschunterricht"</u>

Thema der Hausarbeit: <u>Der Film „Eyes Wide Shut" im Deutschunterricht. Ein Unterrichtsent-</u>

<u>wurf</u>

WS/SoSe: <u>SoSe 2012</u>

Fachsemester: <u>1</u>

**von**

Name: <u>Popsuy-Johannsen</u>

Vorname: <u>Viktoria</u>

Angestrebter Abschluss (BA, B.Ed., Magister, MA, M.Ed.): <u>M.Ed.</u>

Datum: 30.09.2012

# Inhaltsverzeichnis

## 1. Einleitung

Der Film „Eyes Wide Shut" bietet eine gute Grundlage die Bedeutung von Farben mit Schülern zu erarbeiten. Da im Film die Verwendung der Farben (Blau, Rot, Violett) zu beobachten ist, soll anhand bestimmter Szenen herausgearbeitet werden, welche Funktionen diese besitzen.

Der Inhalt des Filmes wird nicht nur durch die Sprache, sondern auch durch weitere Mittel, wie Musik, Farben, Hintergründe etc., transportiert. Von den Zuschauer werden einige Elemente bewusst wahrgenommen, andere weniger. Diese werden aber trotzdem unbewusst richtig interpretiert. Eine Liste zu nichtmarkierten und markierten Elementen findet man bei Lotmann in seinem Buch „Probleme der Kinoästhetik".[1]

Der Regisseur kann mithilfe mehrerer Ausdrucksmittel, die er im Film kombiniert, den Inhalt betont präsentieren. „Die Interpretation [...] hat es stets mit sprachlich verfassten Interpretations-*gegenständen* zu tun – vorausgesetzt, man verwendet Termini wie „Klangsprache" und Bildsprache" nicht bloß als Metapher, sondern meint damit, lebendige, generative Zeichensysteme, in denen es Bedeutungskonventionen und wiederkehrende Strukturen gibt."[2] In dieser Arbeit soll nur ein Ausdrucksmittel – die Farbe – untersucht werden, das mehr unbewusst wahrgenommen wird. So eine Interpretation nennt Thomas Zabka „synästhetisch-expressives interpretieren"[3]. Da in dieser Arbeit eine didaktische Analyse herausgearbeitet werden soll, wird gezeigt, dass die SchülerInnen durch die Interpretation eines bestimmten Ausdruckmittels den Inhalt des Filmes besser verstehen können.

Die ausgewählten Farben sollen beim Erkennen der zwei unterschiedlichen Welten unterstützen. Das sind zum einen ein vorbildliches Familienleben und zum anderen die Versuchung der moralisch verbotenen Taten. Die Kodierung der Farben verdeutlicht die Intension des Regisseurs zwei Welten gegenüber zu stellen.

## 2. Didaktische Analyse

In diesem Kapitel wird herausgearbeitet, wie Farben die Szenen in dem Film unterstützen. Dafür wird zuerst die Farbenbedeutung erläutert. Diese könnte man im Kontext mit kulturellen und geschichtlichen Inhalten beschrieben. In dieser Arbeit werden die Farben aber mit ihrer symbolischen Wirkung dargestellt. Danach wird die Auswahl der Szenen aus den Film präsen-

---

[1] Vgl. Lotman 1977, S. 53f.
[2] Vgl. Zabka, 2003, S. 21.
[3] Ebd., S. 23.

tiert und begründet, warum diese ausgewählt sind. Und als letztes wird versucht, den möglichen Unterrichtsverlauf zu präsentieren.

### 2.1 Farbbedeutungen (Blau, Rot, Violett)

„Farbe hat sich im Verlauf der Filmgeschichte zu einem eigenständigen Element der Bildkomposition entwickelt, das eine wichtige Rolle für die filmische Bedeutungsproduktion übernehmen kann."[4] Um die Unterstützung des Inhaltes im Film „Eyes Wide Shut" durch Farben herauszuarbeiten, wird die Bedeutung der dominanten Farben beschrieben: Blau, Rot und Violette.

Farben können in unterschiedlichen Kontexten, auf ihre psychologische, kulturelle und traditionelle, symbolische oder kreative Wirkungen, untersucht werden. Für die Farbinterpretationen aus dem Film wird nur die symbolische Wirkung beschrieben, weil der Film „Eyes Wide Shut" eine moderne Literaturverfilmung von Schnitzlers „Traumnovelle" ist, in der nicht die Wiener Kultur beibehalten wird, sondern die Handlung nach New York verlegt wird.

### Blau:

Das Blau kann symbolisch für mehrere Aspekte stehen:

➢ Das göttliche Blau:

Blau ist die Farbe des Himmels[5]. Im Himmel leben Götter[6] und die „positiven Geister und beschützenden Kräfte des Alls"[7]. „Zum Beispiel werden dort [in Kulturen mit einem ausgeprägten Matriarchat] nahezu alle Türen und Fensterrahmen blau gestrichen, um auf diese Weise die guten Geister auf sich zu lenken."[8] In Europa ist Blau das Symbol „der himmlischen Mächte"[9]. Wenn das Himmlische auf der Erde wandert, wird ihm ein blaues Gewand gegeben, um zu zeigen, dass es für das Göttliche steht.[10]. „Als Farbe des Göttlichen ist Blau die Farbe der Ewigkeit. Als Farbe der Ewigkeit ist Blau die Farbe der Wahrheit."[11]

➢ Das weibliche Blau Marias:

---

[4] Vgl. Blödorn 1973, S. 321.
[5] Vgl. Braem 1998, S. 57.
[6] Vgl. Heller 2006, S. 38.
[7] Vgl. Braem 1998, S. 57.
[8] Ebd.
[9] Vgl. Heller 2006, S. 38.
[10] Ebd.
[11] Ebd.

„Maria ist die am häufigsten gemalte Gestalt in der christlichen Kunst. Die Farbe Marias ist Blau"[12], weil sie meistens einen blauen Mantel trägt, der den Himmel symbolisiert. Dieser blaue Mantel sollte die Gläubigen schützen[13]. Wenn Maria als Mutter Gottes dargestellt wird, trägt sie meistens ein rotes Kleid dazu[14], weil diese Farbekombination „die Umsetzung des violetten Herrscherpurpurs" ist[15]. Wenn sie als „Schmerzensreiche Mutter" gezeichnet wird, trägt sie ein tiefdunkles Blau[16] (Bild 3). Nach der zugeordneten Rolle repräsentiert Maria „Ruhe und Innerlichkeit, Treue und Tradition"[17].

➢ Die Farbe der Treue:

Da die blaue Farbe oft in der Religion zu finden ist, kann man dieser Farbe die folgenden Begriffe zuordnen: Sympathie, Harmonie, Freundlichkeit und Ruhe[18]. Wenn man in den Himmel oder auf das Meer schaut, kommt man zur Ruhe. „Wir empfinden Wasser und Luft als blau, obwohl sie nicht wirklich blau sind. […] Weil das Blau durch die unendliche Vervielfältigung des Transparenten entsteht, ist es die Farbe der großen Dimensionen."[19]

Wenn man Blau als Symbol für den Begriff Treue nimmt, muss man näher erläutern. Heller erklärt das folgendermaßen: „Treue hat mit Ferne zu tun, denn Treue erweist sich erst, wenn Gelegenheit zur Untreu gegeben ist. Die Treue ist keine Tugend, die demonstrativ zur Schau gestellt wird […]".[20] Das Blau ist das Gegenteil vom Rot.

## **Rot:**

Das Rot ist die Farbe des Lebens, weil das Blut rot ist. Die rote Farbe wird als Warnsignale im alltäglichen Leben ausgewählt, weil Gefahr für das Leben besteht, z. B. bleibt man vor einer roten Ampel stehen.[21] Wie das Rot die Farbe des Lebens präsentiert und sich aber auch in der Nähe vom Tod befindet, zeigt ein kurzes Sprichwort: „Heute rot, morgen tot".[22] Aber das Rot steht nicht nur für das Leben, sondern auch für Leidenschaften. Alle Gefühle, die das Blut in Wallung bringen, werden mit Rot bezeichnet, z. B. Verlegenheit, Verliebtheit, Aufregung, Wut,

---

[12] Ebd., S. 39.
[13] Ebd.
[14] Ebd.
[15] Ebd.
[16] Ebd.
[17] Vgl. Braem 1998, S. 58.
[18] Vgl. Heller 2006, S. 39.
[19] Ebd., S. 24.
[20] Ebd., S. 24.
[21] Vgl. Braem 1998, S. 32.
[22] Vgl. Heller 2006, S. 52.

Hass usw.[23] Aber auch die negativen Eigenschaften werden mit Rot präsentiert und stehen damit im Gegenteil zum Positiven, besonders wenn sie in der Kombination mit Schwarz vorkommen.[24] Deswegen trägt der Teufel Rot und Schwarz[25]. Diese Farbesymbolik findet man auch in einem anderen Sprichwort:

> Rot ist Liebe, rot ist das Blut,
>
> rot ist der Teufel in seiner Wut.[26]

Wie das Sprichwort ausdrückt, ist das Rot die Farbe der Liebe, „[...] aber gewiß nicht in der stillen, platonischen Form. Hier ist eher die körperliche Seite der Liebe gemeint, Sex und Sinnlichkeit, kein heimlich schwelendes Feuer, sondern eins, das glutvoll entfacht ist und lichterloh brennt."[27] „Im <redlight district>, im Schummerlicht der roten Laternen, herrscht die Unmoral. Das Rot der Erotik, der Sexualität verbindet sich mit dem Schwarz der Sünde und dem lasterhaften Violett."[28]. Die Hölle ist auch rot[29].


### Violett:

Nicht nur Rot stellt die Sünde der Sexualität dar, sondern auch das Violett. Je stärker die Farbe der Liebe mit Violett kombiniert wird, „desto sichtbarer wird das Unmoralische"[30]. Die negative Bedeutung bekam Violett durch die Tradition der weiblichen Kleidung. „Zur Zeit Goethes wurde in der Mode erstmals zwischen Kleiderfarben für Männer und für Frauen unterschieden. Nur Frauen trugen Lila [Lila – durch Weiß geschwächtes Violett].[31] Meistens trugen aber diese Farbe unverheiratete Frauen, die für das kindische Rosa schon zu alt waren, um zu zeigen, dass sie trotz ihres fortgeschrittenen Alters noch zu haben sind. Deshalb wurde das Violett als negatives Zeichen für sexuelles Begehren geprägt[32].

Das Violett hat aber nicht nur negative Symbolik. Es wird auch als Farbe der Magie interpretiert, weil Violett Sinnlichkeit und Geist, Gefühl und Verstand, Liebe und Entsagung verbindet[33]. Die Zauberer tragen meistens einen violetten Mantel[34].

---

[23] Ebd., S. 54.
[24] Ebd., S. 54.
[25] Ebd.
[26] Vgl. Braem 1998, S. 34.
[27] Ebd.
[28] Ebd.
[29] Vgl. Heller 2006, S. 52.
[30] Ebd., S. 175.
[31] Ebd., S. 176.
[32] Ebd.
[33] Ebd., S. 172.

## 2.2 Farbinterpretation im Film „Eyes Wide Shut"

Für die Farbinterpretation des Films „Eyes Wide Shut" werden aus dem Film Standbilder verwendet, um zu zeigen, dass die Farben im Film bewusst ausgewählt sind und den Inhalt zu verstehen helfen.

Im Film wird ein Ehepaar gezeigt, die Familie Harford (Bill und Alice), das als eine vorbildliche und harmonische Familie präsentiert wird. Dies unterstürzen mehrere Elemente mit blauer Farbe als Farbe der Harmonie:

---

[34] Ebd.

- Die Harfords Haustür ist blau (Abb. 1);
- Alice trägt blaue Kleidung, wenn sie als eine vorbildliche Mutter dargestellt wird (Abb. 2, 3);
- Im Zimmer, in dem Alice mit der Tochter die Hausaufgabe macht, hängen blaue Gardinen (Abb. 4);
- Durch die blauen Möbel in der Praxis wird gezeigt, dass Bill eine harmonische Atmosphäre für seine Patienten schafft (Abb. 5).

**Abbildung 1: Bill kommt nach Hause (01:26:21[35])**

**Abbildung 2: Alice macht die Haare der Tochter (00:22:10)**

**Abbildung 3: Alice packt die Weihnachtsgeschenke mit der Tochter ein (00:22:47)**

**Abbildung 4: Alice macht mit der Tochter die Hausaufgaben (01:48:42)**

**Abbildung 5: Bill kommt in die Praxis (00:21:50)**

Wie im vorherigen Kapitel schon beschrieben ist, ist blau die Himmelsfarbe und wurde seit Jahren als Symbol für beschützenden Kräfte verstanden. Früher wurde die Haustüren blau gestrichen, um einen positi-

ven Geist zu gewinnen[36]. Auch im Film sieht man sehr viele blaue Türen, z. B. ist die Haustür der Harfords Familie blau (Abb. 1) und es werden viele blaue Türen in der Stadt gezeigt, wenn Bill unterwegs ist (Abb. 6, 7, 8).

**Abbildung 6: Bill ist unterwegs, nach Marions Besuch (00:46:03)**

**Abbildung 7: Bill ist unterwegs, nach dem Besuch bei Domino (00:53:08)**

**Abbildung 8: Bill und Prostituierte Domino sind auf dem Weg zu ihr (00:46:44)**

Die kontrastive rote Tür findet man z. B. in der Situation, in der Bill versucht mit Domino fremdzugehen (Abb. 9). Die rote Farbe kann hier als Warnsignal verstanden werden, denn Bill hat vor das moralisch Verbotene zu tun. Diese Signalfarbe sieht man auch, wenn Bill zum Cafe, in dem er den Freund Nick trifft, kommt (der Eingang ist Rot (Abb. 10)).

**Abbildung 9: Bill kommt in die Dominos Wohnung rein (00:47:30)**

**Abbildung 10: Bill vor dem Cafe, in dem sein Freund Nick Klavier spielt (00:53:25)**

Bevor Bill in das Cafe geht, schaut er sich die Fotos am Eingang an. Es wird deutlich gezeigt, dass die Fotos auf einem roten Hintergrund angebracht sind. Der Akzent

---

[35] Das ist die Spielfilmzeit des Standbildes aus „Eyes Wide Shut" (hh:mm:ss). Diese wird durchgehend unter die Abbildungen mit kurzer Szenenbeschreibug geschrieben.

[36] Vgl. Braem 1998, S.58f.

wird auf Nicks Foto (Abb. 11) gelegt, weil er Bill ermöglicht in eine geschlossene Gesellschaft zu gelangen. Das Cafe und das „geschlossene" Haus haben auch sehr viel die rote Farbe als Akzentuierung, z. B. Gardinen, Wandfarbe oder Teppich (Abb. 12, 13, 14).

**Abbildung 11: Bill schaut das Foto von Nick Nightingale (00:53:43)**

**Abbildung 12: Bill kommt ins Cafe (00:53:54)**

**Abbildung 13: Bill kommt ins "geschlossene" Haus (01:09:16)**

**Abbildung 14: Die Geschlossene Gesellschaft (01:09:55)**

Auch der Weg, auf den die maskierten Prostituierten die Männer verführen, ist rot (Abb. 15). Im Gegensatz dazu ist der Hintergrund blau (Licht im Fenster), wenn die maskierte Frau Bill vor der Gefahr warnt. Bill soll das Haus verlassen und deswegen kann man das blau Licht von außen als Zeichen des Leben ohne Gefahr interpretieren (Abb. 16).

**Abbildung 15: Bill wird in der maskierten Gesellschaft von einer Prostituierte verführt (01:15:18)**

**Abbildung 16: Bills Warnung vor der Gefahr (01:19:42)**

Im Film findet man auch Szenen, in denen Untreue und Treue gegenübergestellt werden. Beim Gespräch über die Weihnachtsparty, auf der die beiden Eheleute ge-

flirtet haben, wird die Eifersucht mit Rot (Abb. 17, 18) und die Rechtfertigung der Treue mit Blau (Abb. 19, 20) im Hintergrund unterstürzt.

**Abbildung 17: Alice fragt Bill, was er mit den zwei Frauen auf der Party gemacht hat und ob er mit ihnen geschlafen hat (00:24:26)**

**Abbildung 18: Während Alice über ihre sexuellen Fantasien erzählt, sitzt Bill auf dem roten Bett (00:26:29)**

**Abbildung 19: Bill erklärt Alice, dass er nicht untreue war (00:24:44)**

**Abbildung 20: Während Bill Alice sagt, dass es normal wäre, dass der Herr, mit dem Alice getanzt hat, mit ihr schlafen wollte, steht Alice vor dem blauen Hintergrund, (00:27:18)**

Auch während des Erzählens der Träume, in denen Alice Bill untreu ist, sitzt sie zwischen roten Gardinen (Abb. 21). Blau als Farbe der Treue wird noch einmal im Film eingesetzt: Während Bill bei Domino ist und sie versucht zu küssen, sitzt Alice zu Hause im blauen Mantel (wie Maria auf dem Bild 2 im Kapitel 2.1) im blauen Nachtlicht (Abb. 22).

**Abbildung 21: Während der Erzählung über sexuelle Träume, sitzt Alice zwischen den roten Gardinen (00:33:00)**

**Abbildung 21: Alice sitzt zu Hause und wartet auf Bill (00:49:54)**

Die symbolische Darbietung des Rots und Blaus als Farben von Hölle und Himmel sieht man in der Szene, in der Bill in der geschlossenen Gesellschaft entlarvt wird und sich demaskieren soll. Bill steht im Kreis auf dem roten Teppich und vor ihm sitzt der Mann, der ihm Fragen stellt und Befehle gibt, dass Bill sich entkleiden soll, - der Teufel in der Hölle (Abb. 23). Dagegen wird die maskierte Prostituierte, die Bill retten möchte, steht oben auf der Treppe im blauen Licht, als wäre sie vom Himmel gesandt (Schutzengel) (Abb. 24).

**Abbildung 23: Bill ist im Kreis der maskierten Menschen und wird verurteilt, weil er kein Passwort für das Haus kennt (01:21:58)**

**Abbildung 24: Die maskierte Prostituierte, die Bills Strafe auf sich nimmt (01:24:42)**

Blau als Himmelfarbe sieht man auch in der Szene, in der Bill ins Zimmer seiner Tochter kommt. Diese schläft wie ein Engel im blauen Fensterlicht (Abb. 25).

**Abbildung 25: Helena (Tochter von Bill und Alice) schläft in ihrem Zimmer (01:26:47)**

Am Ende des Filmes vermischen sich Realität und Träume. Das sieht man in der Szene, in der Alice neben der Maske, die Bill in der geschlossen Gesellschaft trug, schläft. Diese Vermischung wird mit Violett (Mischung aus Rot und Blau) als Hintergrundfarbe unterstürzt (Abb. 26, 27).

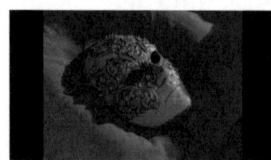 

**Abbildung 26: Bills Maske (02:19:04)**

**Abbildung 27: Alice schläft neben der Maske (02:50:50)**

Nachdem Bill dies sieht, bricht er zusammen und entscheidet, alles seiner Frau zu erzählen, was er erlebt hat. In diesem Fall kann man sagen, dass ihm Violett als magische Farbe hilft, zu dieser Entscheidung zu gelangen.

## 2.3 Darbietung

Das Ziel der Arbeit ist es eine Bedeutung der Farbverwendung im Film zu interpretieren. Dies soll anhand des Filmes „Eyes Wide Shut" durchgeführt werden. Die SchülerInnen sollen die Farben bewusst wahrnehmen und sich überlegen, ob diese im Film eine Bedeutung tragen, um den Inhalt der Szenen zu bekräftigen. Bevor man sich mit dem Film auseinander setzt, soll z. B. mit Hilfe von Kurzreferaten die symbolische Farbbedeutungen herausgearbeitet werden.

Um die Farbbedeutungen im Film mit den SchülerInnen erarbeiten zu können, soll erst der Inhalt des Filmes bekannt gemacht werden. Dazu wird der Film in Ausschnitten gezeigt, um die Aufmerksamkeit der SchülerInnen auf das Thema zu konzentrieren, weil der Film erstens zu lang ist (zweieinhalb Stunden) und zweitens die Handlung im Film nicht spannend genug für 16.-18.-jährige SchülerInnen ist. Die Ausschnitte sind für die Farbinterpretation passend ausgesucht und nach jedem Filmausschnitt wird mit den SchülerInnen ein Dialog durchgeführt, ob sie den Inhalt verstanden haben oder ob noch offene Fragen bestehen.

Um in die Thematik des Filmes einzusteigen, wird die Anfangszene gezeigt, in der Bill und Alice als Ehepaar auf einer Weihnachtsfeier mit anderen Personen flirten (00:00:00-00:13:47). Anhand dieser Szene können die SchülerInnen verstehen, welches Thema (Beziehung und Eifersucht in einer Ehe) im Film behandelt wird.

Damit die SchülerInnen verstehen, dass im Film ein vorbildliches Ehepaar dargestellt wird, wird die Szene gezeigt, in der Bill in der Praxis arbeitet und Alice sich zu Hause um die Tochter kümmert (00:21:36-00:22:47). Anschließend wird mit der Szene vorgesetzt, in der Bill und Alice zusammen die Tochter ins Bett bringen und eine Gutenachtgeschichte vorlesen (00:22:48-00:22:57).

Das Hauptthema des Filmes (die Treue in der Ehe und das erotische Verlangen nach anderen Partnern) wird in der Geständnisszene gezeigt, in der beide Partner erst eifersüchtig werden und danach Alice „ihrem Ehemann von ihrem erotischen Verlangen nach einem fremden Mann"[37] erzählt (00:23:39-00:36:12). Die Szene zeigt auch, dass Bills konservative Vorstellung über die Sexualität zerbricht.[38] Dies verdeutlichen auch seine ständigen Fantasien eines Ehebruchs, der in der Wirklichkeit gar nicht stattgefunden hat (00:37:00-00:37:26).

Aus der Eifersucht heraus kommt Bill in die Versuchung seine Frau zu betrügen. Das wird in mehreren Szenen gezeigt. Für den Unterricht wird die Szene mit Domino (00:46:00-00:47:35) ausgewählt. Danach trifft Bill seinen Freund Nick, der ihm das Passwort zu einer geschlossenen

---

[37] Vgl. Abraham 2009, S. 192.
[38] Ebd., S. 193.

Gesellschaft gibt (00:53:10-00:59:06). Bill kommt ins Haus der geschlossenen Gesellschaft und sieht eine Zeremonie (01:08:23-01:16:00). Anschließend wird Bill von einer maskierten Frau verführt und gewarnt, dass er sich in Gefahr befindet. Er wird ein weiteres Mal gewarnt (01:19:36-01:20:12). Da Bill die Warnung nicht wahrnimmt, wird er in der geschlossenen Gesellschaft zu einem „Opfer", das durch die maskierte Frau befreit wird (01:20:13-01:26:15).

Um die Kontraste der Situationen darzustellen, soll gezeigt werden, wie Bill nach Hause kommt und nach seiner Tochter schaut, die wie ein Engel schläft (01:26:16-01:26:56).

Damit die SchülerInnen sehen können, wie die Farben wirken könne, soll die Szene gezeigt werden, in der Bill die Maske auf dem Bett neben Alice auf dem violetten Hintergrund sieht und sich entscheidet alles seiner Ehefrau zu erzählen (02:19:02-02:22:13).

Nachdem der Inhalt des Filmes mit ausgewählten Ausschnitten den SchülerInnen bekannt ist, sollen diese versuchen die Farbsymbolik mithilfe der ausgewählten Szenen zu erkennen und zu beschreiben. Dies kann in Gruppen- bzw. Partnerarbeit durchgeführt werden, wobei die Gruppen nach den kontrastiven Szenen aufgeteilt werden.

Diese Darbietung führt zur Gliederung in drei Unterrichtsabschnitte, die der unten aufgeführten Reihenfolge zugeordnet werden können und folgende Fertigkeiten schulen:

1. Die symbolische Bedeutung der Farben anhand des Kurzreferates lernen: Präsentieren, Hören, neue Inhalte aufnehmen;

2. Den Inhalt des Filmes mithilfe der Filmsausschnitte kennenlernen: SchülerInnen lernen über die Filmausschnitte zu sprechen, eventuell Fragen zu stellen, die Zusammenhänge des Filminhaltes (Thematik und Problematik) herauszuarbeiten;

3. Die Farbbedeutung im Film mithilfe der Abbildungen interpretieren: SchülerInnen lernen über die zusätzlichen Mittel des Filmes bewusst nachzudenken und „die Intention des Regisseurs/der Regisseurin heraus[zu]arbeiten"[39].

Da der Film „Eyes Wide Shut" eine Literaturverfilmung von Schnitzlers „Traumnovelle" ist, können auch die Unterschiede zwischen der „Traumnovelle" und dem Film mit SchülerInnen herausgearbeitet werden.

---

[39] Ebd., S. 93.

## 3. Quellen

Film: *Eyes Wide Shut* (USA/Großbritannien 1999, Stanley Kubrick)

Abraham, Ulf: Filme im Deutschunterricht. Leipzig: Klett, Kallmeyer, 2009.

Braem, Harald: Die Macht der Farben. 3., ergänzte Auflage. München:Wirtschaftsverlag Langen Müller / Herbig, 1998.

Blödorn, Andreas (Bergische Universität Wuppertal): Verwessystem Farbe: Semiotisierung und Referentialisierung von ‚Sehen' und ‚Erkennen' am Beispiel von Nicolas Roegs *Don't Look Now* (1973). In: *Zeitschrift für Semiotik*. Hrsg. Roland Posner, Stephan Debus. Heft 3-4. Fenburg: Stau, 2008, S. 321-353.

Hanuschek, Sven: Traumnovelle (Arthur Schnitzler - Stanley Kubrick). In: *Interpretationen. Literaturverfilmungen*. Hrsg. Anne Bohnenkamp in Verbindung mit Tilman Lang. Stuttgart: Philipp Reclam jun., 2005, S. 177-184.

Heller, Eva: Wie Farben wirken. Farbpsychologie, Farbsymbolik, Kreative Farbgestaltung. 3. Auflage. Hamburg: Rowohlt Taschenbuch Verlag, 2006.

Lotman, Jurij M.: Probleme der Kinoästhetik. Einführung in die Semiotik des Films. Aus dem russischen von Christine Böhler-Auras. Frankfurt am Main: Syndikat, 1977.

Schnitzler, Arthur: Traumnovelle. Mit einem Kommentar von Andrea Neuhaus. Frankfurt am Main: Suhrkamp, 2010.

Zabka, Thomas: Interpretationkompetenz als Ziel der ästhetischen Bildung. In: *Didaktik Deutsch*. Hrsg. Peter Klotz, Jakob Ossner u. a. Heft 15. Baltmannsweiler: Schneider Verlag, 2003, S. 18-32.